Heinrich Pallmann

Das Goethehaus in Frankfurt

Heinrich Pallmann

Das Goethehaus in Frankfurt

ISBN/EAN: 9783743644830

Hergestellt in Europa, USA, Kanada, Australien, Japan

Cover: Foto ©Andreas Hilbeck / pixelio.de

Weitere Bücher finden Sie auf **www.hansebooks.com**

DAS

GOETHEHAUS

IN

FRANKFURT.

IM AUFTRAGE

DES

FREIEN DEUTSCHEN HOCHSTIFTES

BESCHRIEBEN

VON

Dr. H. PALLMANN.

FRANKFURT A. M.
DRUCK UND VERLAG VON GEBRÜDER KNAUER.
MDCCCLXXXIX.

Unter den Sehenswürdigkeiten Frankfurts, der ehemaligen Wahl- und Krönungsstadt der deutschen Kaiser, nimmt das Elternhaus von Deutschlands größtem Dichter eine der hervorragendsten Stellen ein. Tausende von Besuchern aus aller Herren Ländern durchwandeln alljährlich die Räume, in denen der Dichter seine Jugendzeit zugebracht und jene herrlichen Werke geschaffen hat, die seinen Ruhm so frühzeitig begründeten, daß ein kunstsinniger Fürst den jungen Feuergeist seiner Entwickelungsstätte entführte und ihn zeitlebens an sich fesselte.

Das »Goethehaus« zeigt in seinem jetzigen Bestande das Haus in der Gestaltung, wie sie aus den beiden alten, miteinander verbundenen Häusern durch den in »Dichtung und Wahrheit« geschilderten, von dem Herrn Rat Goethe durchgeführten Umbau in den Jahren 1755 und 1756 hervorgegangen ist.

Dieses Haus, wie wir es jetzt noch unverändert vor uns haben, wurde nach dem am 25. Mai 1782 erfolgten Tode des Herrn Rat Goethe von der Mutter des Dichters bis zum Jahre 1795 bewohnt. Am 1. Mai dieses Jahres verkaufte es die Frau Rat an den Weinhändler Johann Gerhard Blum, aus dessen Besitz es am 17. Februar 1796 in den von Frau Anna Katharina Rössing, Witwe des Prokurators Johann Nicolaus Alexander Rössing, überging. Es blieb dann im Besitze der Familie Rössing bis zum Jahre 1861, nachdem eine 1858 von dem »Verein für Geschichte und Alterthumskunde in Frankfurt a. M.« angeknüpfte Ankaufsunterhandlung erfolglos geblieben war. Am 1. Juni 1861 erwarb es Herr Johann Georg Clauer, Tapezierer, der es am 1. März 1863 an das Freie Deutsche Hochstift unter dem damaligen Obmann Herrn Dr. Otto Volger käuflich abtrat.

Das »Freie Deutsche Hochstift«, eine wissenschaftliche Vereinigung, deren Mitglieder über die ganze Erde verbreitet sind, betrachtet das denkwürdige Haus als deutsches Nationalheiligtum und ließ es sich stets, besonders seit seiner Neugestaltung i. J. 1884, angelegen sein, diese weihevolle Stätte allmählich würdig, zeit- und stilgemäß wie zu Goethes Jugendzeit, wieder herzustellen. So darf es jetzt die Überzeugung hegen, auf Grund sicherer Quellen den echten Charakter des Hauses so wiederhergestellt zu haben, daß die Worte, welche die Frau Rat, der gute Schutzgeist dieses Hauses, von sich sprechen durfte, jetzt auf ihre Heimstätte übertragen werden können, nämlich »daß noch keine Menschen- »seele mißvergnügt von ihr weggegangen ist, »weß Standes, Alters und Geschlechtes sie auch »gewesen sei.«

I. Äußere Ansicht des Hauses.

 as Haus steht auf dem ›Großen Hirschgraben‹ einer südöstlich vom Roßmarkt und der Kaiserstraße liegenden Straße und trägt jetzt die Nr. 23. Die der Straße zugewendete Seite liegt nach Osten; nach Norden ist das Nachbarhaus oder vielmehr ein Schuppen desselben bis zum ersten Stockwerk angebaut, so daß ein in der Höhe des zweiten Stockwerkes befindliches kleineres Fenster, mit einem eisernen Laden, in der Brandmauer, Aussicht auf diese Seite des großen Hirschgrabens und dessen Verlängerung, den kleinen Hirschgraben, bietet, während an der Südseite ein Nachbarhaus, das ungefähr

um die Mitte des vorigen Jahrhunderts erbaut sein mag, dieselbe Höhe wie das »Goethehaus« aufweist. Dieses zeigt vier Geschosse: Erdgeschoß, erstes und zweites Stockwerk und über dem letzteren den Dachstock mit einem auf die Langseite des Daches aufgesetzten Giebel- oder Zwerchhaus.

Der gelblich-graue Anstrich des Hauses mit den roten Bekleidungen, nach der Farbe des im Erdgeschosse verwendeten Sandsteins, ist genau nach vorgefundenen alten Spuren hergestellt.

Im Erdgeschoß erblickt man in der Mitte des Hauses eine eichene geschnitzte mit Messingbeschlägen versehene Doppelthüre, den einzigen Zugang zum Hause, und zu deren beiden Seiten je drei Fenster mit kunstreichen schmiedeeisernen, nach unten ausgebauchten Fenstergittern. Über der erwähnten Hausthüre, zu der vom Gehwege der Straße aus drei niedere Steinstufen hinaufführen, befindet sich ein sogenanntes Oberlichtfenster mit einem davor gesetzten Eisengitter in Schmiedearbeit, bestehend in Blumen und Vögeln mit dem Namenszuge J. C. G. (Johann Caspar Goethe) und einer darüber gesetzten Krone. Oberhalb dieses Fensters, in dem mittleren Steine der Thürbekleidung erblickt man ein Wappen, das Goethes Vater, wie in einer gewissen

Vorahnung der künftigen Größe seines Sohnes dort anbringen ließ: es enthält nämlich im unteren Teile des wagrechten Schildes in einem nach links gerichteten Schrägbalken drei übereinander gestellte Leyern. Im obern Teile zeigt es die Wappenfigur des Textor'schen Wappens, einen wachsenden Mann mit einem Schwerte in der Rechten, und ebenso die Helmzier dieses Wappens: einen Arm, der eine Axt schwingt.

Das erste Stockwerk, auf acht ornamentierten Tragsteinen ruhend, ragt wie viele der älteren Frankfurter Häuser über das untere Geschoß hinaus.

Unter dem mittlern der sieben Fenster des ersten Stockwerks ist eine einfache weiße Marmortafel eingelassen, die in goldenen Buchstaben folgende Inschrift trägt:

IN DIESEM HAUSE

WURDE

JOHANN WOLFGANG GOETHE

AM 28. AUGUST 1749

GEBOREN.

Diese Tafel wurde am 22. Oktober 1844 dort angebracht, an welchem Tage das auf dem ›Goetheplatz‹, ehemals Stadtallee, stehende, von

Ludwig Schwanthaler gefertigte Denkmal Goethes enthüllt wurde.

Das zweite Stockwerk, gleichfalls mit sieben Fenstern, hat auch einen »Überhang« obwohl ein solcher nach dem sogenannten großen Christenbrand im Jahre 1719 durch ein Baugesetz bei Neubauten nur im ersten Stockwerke erlaubt war. In welcher Weise der »Herr Rat« diese Vorschrift umging, berichtet uns Goethe in »Dichtung und Wahrheit«*) mit folgenden Worten: »Mein »Vater, um den vorspringenden Raum im zweiten »Stock auch nicht aufzugeben, wenig bekümmert »um äußeres architektonisches Ansehen, und »nur um innere gute und bequeme Einrich»tung besorgt, bediente sich, wie schon Mehrere »vor ihm gethan, der Ausflucht, die oberen Theile »des Hauses zu unterstützen und von unten herauf einen nach dem andern wegzunehmen und das »Neue gleichsam einzuschalten, so daß, wenn zuletzt gewissermaßen nichts von dem Alten »übrig blieb, der ganz neue Bau noch immer »für eine Reparatur gelten konnte.«

Bemerkenswert sind hier noch die zwei an den beiden Brandmauern befindlichen altertümlichen Einläufe der Dachrinnen.

---

*) Band I Seite 12; oder: Goethes Werke. Berlin, Hempel. Bd. XX. S. 12.

Der Dachstock springt ein wenig über das zweite Stockwerk hervor. In seiner Mitte ist das sogenannte Giebel- oder Zwerchhaus, das mit seiner Stirnseite nach der Straße zu auf das längs des Hauses laufende gebrochene (Mansarden-) Dach gesetzt ist. Dieses Zwerchhaus enthält unten drei Fenster, darüber im gebrochenen Giebel ein etwas kleineres viereckiges und über diesem, in der Giebelspitze, ein längliches eirundes Fenster. Rechts und links von den genannten drei Fenstern, welche in derselben senkrechten Linie, wie die des zweiten Stockwerkes stehen und ebenso, wie die der vorhergehenden drei Geschosse je 28 Scheiben, aber nur in etwas geringerer Größe, enthalten, befindet sich im gebrochenen Dache des Hauses je ein kleineres Dachfenster, etwas gegen die andern zurücktretend, mit 20 Scheiben.*)

Auf dem zweiten Absatze des gebrochenen Daches befinden sich je zwei kleinere Dachfenster mit vier Scheiben.

---

*) Die Einteilung der Fensterscheiben ist noch die gleiche, wie zu Goethes Zeiten. Daß Goethe diese kleinen, ungefähr 24 cm hohen und 19 cm breiten Scheiben als »große Spiegelscheiben« bezeichnet, dürfte seinen Grund nur darin haben, daß das alte Haus, wie Goethe selbst sagt, meist »runde Fensterscheiben« gehabt hatte. Siehe Dichtung und Wahrheit Bd. I, S. 24.

Zu beiden Seiten sind die Brandmauern über das gebrochene Dach hinaus aufgeführt, und wir bemerken in der Höhe seines ersten Absatzes an den Stirnseiten der Mauern je einen Löwenkopf von rotem Sandstein eingefügt.

II. Das Innere des Hauses.

A. Erdgeschoß.

Der Fuß des Eintretenden betritt zuerst eine eichene Kellerthüre, die in den großen Keller des Hauses führt. Entsprechend der Anlage der beiden alten Häuser, die in ihrer Vereinigung das Geburtshaus des Dichters bildeten, sind noch die Keller dieser zwei Häuser vorhanden. Der größere, ein ziemlich hoher Raum von einem Tonnengewölbe überspannt, wurde, wie auch aus der breiten Treppe zu schließen ist, zur Aufbewahrung von Weinfässern benutzt, und es lag in ihm mancher gute und alte Jahrgang. Goethe berichtet uns in Dichtung und Wahrheit wie seine Mutter diese Schätze, die zum großen Teil von seinem Großvater, dem ehemaligen Besitzer des Gasthauses zum Weidenhof (jetzt Haus Nr. 68 auf der Zeil) herstammen mochten, verwaltete und pflegte, und bei feierlich-bedeutenden Gelegenheiten die alten Jahrgänge 1706, 1719, 1726, 1748 heraufholte.*)

Der kleinere Keller, der mittels einer durch die Grundmauer gebrochenen Oeffnung mit dem größeren verbunden ist, und zu dem eine schmale Treppe vom Hausflur aus hinunter führt, war mehr für die Bedürfnisse der täglichen Haushaltung bestimmt. In seiner nordöstlichen Ecke ist ungefähr zwei Meter über dem Fußboden der bei dem Umbau des Hauses eingesetzte Grundstein mit der Inschrift: »L. F.**) 1755« sichtbar, den unter vielen Feierlichkeiten der Knabe Wolfgang eingemauert hat.

Auf dem Hausflur befindet sich zur rechten Hand das Geschäftszimmer des Hochstiftes, an dessen Fensterschalter die Eintrittskarten für den Besuch des Hauses ausgegeben werden. Ehemals, zu Zeiten von Goethes Eltern, hieß dieses Zimmer nach der Farbe seiner Wände »die gelbe

---

*) Dichtung und Wahrheit, Bd. IV, S. 54.

**) Lapis fundamentalis = Grundstein. Siehe Weismann, H., Aus Goethes Knabenzeit 1757—1759. Frankfurt a. M. 1846. kl. 8⁰. Seite 27—35.

Stube‹, ward aber später, wie aus den Briefen der Frau Rat an die Herzogin Anna Amalia zu ersehen, die ›Weimarer Stube‹ genannt, weil in ihr alle von Weimar kommenden Geschenke aufbewahrt wurden. Es fanden u. a. darin ihre Aufbewahrung: die Büsten des Herzogs Karl August und der Herzogin Anna Amalia vom Hofbildhauer Klauer, ein Bild von Peter Breughel, dem ›Höllenbreughel‹, drei Zeichnungen zu ›Goethes Jahrmarktsfest zu Plundersweiler‹ von Georg Melchior Kraus, eine Kopie des Bildnisses von Kraus: ›Goethe mit einem Schattenriß in der Hand‹.

Diesem Zimmer gegenüber, auf der linken Seite des Eingangs, ist die ›blaue Stube‹, anfangs das gemeinsame Speisezimmer der Familie, später der gewöhnliche Aufenthaltsort, die ›Wohnstube‹, der Frau Rat. Daß es das Speisezimmer gewesen ist, kann man nicht nur aus seiner unmittelbaren Lage neben der Küche des Hauses schließen, sondern auch aus den Mitteilungen Goethes in ›Dichtung und Wahrheit‹ entnehmen, wo er erzählt, daß man den über die Schlacht bei Bergen unmutigen Vater zu bereden gesucht habe, in das gewöhnliche Speisezimmer herab zu kommen: dieses kann der gegebenen Schilderung nach, nur im Erdgeschosse gelegen haben und nur dieses Zimmer, da kein weiteres als die vorher erwähnte gelbe Stube vorhanden war, gewesen sein.

Als ›blaue Stube‹ ist das Zimmer mehrfach in dem Briefwechsel der Frau Rat mit der Herzogin Anna Amalia erwähnt. Besonders bemerkenswert ist das hier am 18. September 1779 stattgehabte Zusammentreffen des Herzogs Karl August und des Dichters mit seinen Eltern, das die Frau Rat der Herzogin Amalia mit folgenden Worten schildert: ›Ihro Durchlaucht unser gnädigster und Bester Fürst, stiegen (um uns recht zu überraschen) eine strecke von unserm Hauße ab kamen also gantz ohne geräusch an die Thüre, klingelten, ·traten in die blaue Stube u. s. w. Nun stellen Sich Ihro Durchlaucht vor, wie Frau Aja am runden Tisch sitzt, wie die Stubenthüre aufgeht, wie in dem Augenblick der Häschelhanß*) ihr um den Hals fält, wie der Herzog in einiger Entfernung der Mütterlichen Freude eine Weile zusieht, wie Frau Aja endlich wie betruncken auf den besten Fürsten zuläuft halb greint halb lacht gar nicht weiß was sie thun soll wie der schöne Cammerherr von Wedel auch allen antheil an der erstaunlichen Freude nimbt. Endlich der Auftrit mit dem Vater, das läßt sich nun gar nicht beschreiben — mir war Angst er stürbe auf der stelle ‥‥. Dieser denkwürdige Raum wird gegenwärtig für das Lesezimmer des Freien Deutschen Hochstiftes verwendet.

*) Statt Hätschelhans, ihr Sohn Wolfgang.

Hat der Besucher eine der Klappthüren des zunächst den beiden vorher genannten Zimmern angebrachten altertümlichen Eisengitters durchschritten, so sieht er an der linken Seite der Wand zwei Thüren, von denen die erste in die Küche, die zweite in die Speisekammer*) führt. Zwischen diesen beiden Thüren steht ein Gipsabguß der Büste Goethes von Alexander Trippel, nach dem in Weimar befindlichen Exemplar angefertigt. Küche und Speisekammer sind nicht geöffnet; man wende sich deshalb gerade aus nach der am Ende des Vorplatzes neben einem Fenster rechts befindlichen Thüre, um sich auf den Hof des Hauses zu begeben.

Dieser Hof, der genau noch denselben Umfang wie zu Goethes Zeiten einnimmt, wird gegen Süden (links) von einem schmalen an der hohen Brandmauer des Nachbarhauses angebauten Schuppen, gegen Westen (gerade aus) von einer ungefähr 4½ Meter hohen Mauer und gegen Norden (rechts) von einer Verlängerung des Haupthauses begrenzt. An der Mauer ist noch der ursprüngliche Pumpbrunnen mit steinerner Nische, Schale und Bedachung vorhanden, an dem die beiden

---

*) Die Speisekammer werden wir wohl als Schauplatz des im fünften Kapitel des ersten Buches von »Wilhelm Meisters Lehrjahren« so köstlich geschilderten Auffindens des Puppentheaters betrachten dürfen.

mecklenburgischen Prinzessinnen Friederike und Louise, die späteren Königinnen von Hannover und von Preußen, während ihres Aufenthaltes in Frankfurt a. M. bei der Krönung Kaiser Leopolds II. im Jahre 1790, sich ergötzten. Bettina von Arnim berichtet uns in ihrem Briefwechsel Goethes mit einem Kinde *), daß ihr die Frau Rat unter anderem auch die Geschichte erzählte, wie sie den Prinzessinnen den Genuß verschaffte, sich im Hofe am Brunnen recht satt Wasser zu pumpen und die Hofmeisterin durch alle möglichen Argumente abhielt, die Prinzessinnen abzurufen und endlich, da diese nicht Rücksicht nahm, Gewalt brauchte und sie im Zimmer einschloß. Denn, sagte die Mutter, ich hätte mir eher den ärgsten Verdruß über den Hals kommen lassen, als daß man sie in dem unschuldigen Vergnügen gestört hätte, das ihnen nirgend wo vergönnt war, als in meinem Haus; auch haben sie mirs beim Abschied gesagt, daß sie nie vergessen würden, wie glücklich und vergnügt sie bei mir waren.

Wendet man sich vom Brunnen aus wieder nach dem Hause, so erblickt der Besucher an der Wand des Seitengebäudes zwischen der in die ehemalige Waschküche führenden Thüre und dem Fenster des früheren Mägde- oder

---

*) Teil I, Seite 196 der ersten Ausgabe. Berlin 1835.

Dienerzimmers einen in die Mauer eingefügten Löwenkopf aus rotem Sandstein, gleich denen in den Stirnseiten der Brandmauern nach der Straße zu befindlichen. Wahrscheinlich stammen diese Köpfe von dem größeren der beiden früheren Häuser und sind auf diese Weise vor Vernichtung bewahrt geblieben. Geht man dann in das Haus zurück und auf die zur Linken liegende Treppe zu, so sieht man zur rechten Seite von ihr einen schmalen Gang, der zu der Thüre des Kamins für die ›gelbe Stube‹ führt, zur linken Seite aber erblickt man die Thüre in das vorhin erwähnte Mägde- oder Dienerzimmer, weiter hinten gegen die nördliche Mauer zu, die Kaminthüre dieses Zimmerchens und rechts von ihr die Fallthüre in den kleineren Keller, den sogenannten Haushaltungskeller. Durch diese schmale Thüre wird die Frau Rat hinabgestiegen sein, um aus dem größeren Keller, ›wo ihr von den ältesten Weinen wohlunterhaltene große Fässer verwahrt lagen‹*), den nach Tyrannenblut lechzenden beiden Grafen Stolberg eine geschliffene Flasche voll hochfarbigen Weins heraufzuholen, die sie ihnen mit den Worten vorsetzte: »Hier ist das wahre Tyrannenblut! Daran ergetzt Euch, aber alle Mordgedanken laßt mir aus dem Hause!«

---

*) Dichtung und Wahrheit, Bd. IV, S. 54 55.

Oberhalb dieser Kellerthüre erblickt man als Träger für die Treppe einen mit Akanthuslaubwerk geschmückten, in die Brandmauer eingefügten Stein, dessen Verzierung an diesem vom Tageslichte kaum beleuchteten Platze zwecklos erscheint. Man hat deshalb angenommen, daß er als Tragstein von dem ehemaligen Hause hier verwendet worden sei. Es ist dies jedoch zu bezweifeln, da der Stein kaum älter als das jetzige Haus ist: er dürfte nichts weiter sein als ein von dem Herrn Rat verworfenes Muster der Tragsteine für die Vorderseite des Erdgeschosses, dem der sparsame Bauherr an dieser Stelle ein Plätzchen anweisen ließ.

Hier in dieser dunkeln Ecke, neben der Treppe, werden wir uns wohl jenen Vorgang zu vergegenwärtigen haben, der uns von Goethe in seinem »Leben«*) aufs anschaulichste geschildert wird. Ein heftiges Hagelwetter schlug unter Donner und Blitz im Sommer nach Vollendung des Hauses (1756) die gegen Westen auf der Hinterseite des Hauses gelegenen Fenster ein und richtete sonst noch verschiedenen Schaden im Hause an: für die Kinder war es aber um so fürchterlicher gewesen, »als das außer sich »gesetzte Hausgesinde sie in einen dunkeln Gang

---

*) Dichtung und Wahrheit, Bd. I, S. 26.

mit sich fortriß und dort auf den Knieen liegend durch schreckliches Geheul und Geschrei die erzürnte Gottheit zu versöhnen glaubte.

Die stattliche, für ein Privathaus außergewöhnlich breite, steinerne Treppe mit zierlichem, im Geschmacke der Zeit in Band- und Blattverzierungen ausgeführtem, Eisengeländer führt uns, nachdem wir einen Ruheplatz überschritten und uns jetzt nach links aufwärts wenden, in das erste Stockwerk.

B. Erstes Stockwerk.

Beim Emporsteigen erblickt man rechts in einem schmalen Gange, der von der Mauer und einem eisernen Geländer gebildet wird, die Thüre des sogenannten »grauen Zimmers«, nach dem Anstrich seiner Wände so benannt. Hier wohnte im Herbst 1779 während des oben erwähnten Besuches des Herzogs Karl August der Kammerherr von Wedel. Gegenwärtig dient dieses Zimmer als Amtsstube des Verwaltungsschreibers des Freien Deutschen Hochstiftes.

Der helle, freundliche Vorplatz, der uns jetzt aufnimmt, ist die Stätte, auf welcher der Rat Goethe dem Königslieutenant Thoranc*) nach der Schlacht bei Bergen (13. April 1759) in überwallendem Zorne über den Sieg der Franzosen

---

*) Ich wähle diese nach Aktenstücken im Frankfurter Stadtarchive festgestellte Schreibweise statt der von Goethe selbst gebrauchten Thorane.

die Worte zurief: »Ich wollte, sie hätten Euch
»zum Teufel gejagt, und wenn ich hätte mitfahren
»sollen.«*)

Wenden wir uns von den drei, gegen Westen
gerichteten Fenstern des Vorplatzes, durch welche
das helle Tageslicht, gedämpft von dem Schatten
einer benachbarten Linde, hereinströmt, zu der
gegenüberliegenden Doppelthüre — die einfache
rechts davon befindliche Thüre, führt in das
sogenannte (nicht geöffnete) »Kaminstübchen«
— so gelangen wir in das ehemalige »große
Zimmer«, in die Staatsstube des Hauses. Hier
und in den beiden Nebenräumen wohnte Graf
Thoranc und später Herzog Karl August von
Weimar, und zwar diente es beiden Herren als
Eingangs- und Zuspruchzimmer. Gegenwärtig wird
es als Sitzungszimmer des Freien Deutschen
Hochstiftes benutzt und entbehrt deshalb vorläufig noch der stilgerechten Ausstattung. Eine
an der rechten Wand stehende Büste stellt den
verstorbenen Dr. Theodor Müller, den Stifter
des Hochstiftsvermögens dar.**)

Das »große Zimmer«, das größte des ganzen
Hauses, hat vier Fenster, die nach Osten auf die
Straße gehen. Bemerkenswert in dem stattlichen,

---

*) Dichtung und Wahrheit Bd. I, S. 93.
**) Siehe: Berichte des Freien Deutschen Hochstiftes,
Jahrgang 1888/89, Seite 38—54.

für den heutigen Geschmack etwas niedrigen Raume sind die drei eichenen, mit Messingbeschlägen versehenen Doppelthüren, die an den Wänden herumlaufende Eichenholzbekleidung, der bemalte Thonofen, die Decke und die Ofennische mit Stuckverzierungen.

Nebenan, rechts, befindet sich ein schmales einfenstriges Zimmerchen, »das innere Zimmer« oder »das kleine Stübchen«, das seinerzeit von dem Grafen Thoranc und dem Herzoge Karl August als Schlafzimmer benutzt wurde. In ihm wird jetzt die Goethebibliothek des Hochstiftes aufbewahrt. Eine kleine Verbindungsthüre führt von diesem Zimmer in das »Kaminstübchen«, das wegen der darin angebrachten Heizstätten für das große und das innere Zimmer so genannt wurde. Während des Aufenthaltes von Thoranc und Herzog Karl August diente es als Dienerzimmer.

Die linke Doppelthüre im großen Zimmer führt in ein kleineres zweifenstriges Zimmer, das wir als das Wohnzimmer von Thoranc und von Herzog Karl August betrachten dürfen, und das man am besten als »Karl August-Zimmer« bezeichnen wird. Zum bleibenden Andenken an den Aufenthalt dieses hochherzigen Fürsten in dem Elternhause seines Freundes ist seine lebensgroße Büste, ein Geschenk seines Enkels, Sr. Königl. Hoheit des Großherzogs Karl Alexander, hier aufgestellt.

An der nördlichen Wand dieses Zimmers, der Eingangsthüre gegenüber, befindet sich außer einigen Bildnissen des Herzogs, der Herzogin Louise und der Herzogin-Mutter Anna Amalia, ein lebensgroßes Bildnis, Goethe mit einem Schreibbuche in der Hand in einer Laube darstellend, das von Johann Joseph Schmeller von September 1826 bis März 1827 nach dem Leben gemalt wurde.*) Auch in diesem Zimmer sind Decke und Ofennische in Stuckverzierung vorhanden, und ist der alte Thonofen erwähnungswert.

Kehrt man durchs große Zimmer wieder auf den Vorplatz zurück und wendet man sich von der Ausgangsthüre nach rechts, so erblickt man in einem schmalen Gange neben der Treppe die vom Vorplatze aus in das Karl August-Zimmer führende Thüre und hinter ihr die dazu gehörige Kamindoppelthüre, über welcher, gleichwie über der gegenüberliegenden Kaminthüre des grauen Zimmers, rot marmorierte Stuckeinfassungen angebracht sind.

Wir besteigen dann die gerade vor uns liegende Treppe, die in derselben Breite, wie vom Erdgeschoß zum ersten Stockwerke, aber von hier aus mit Holzstufen weiter führt, um in das zweite

---

*) Siehe Zarncke, Verzeichnifs der Originalaufnahmen von Goethes Bildnifs. Leipzig 1888. S. 50/51.

Stockwerk zu gelangen. Wie vorher bildet auch hier die Einfassung ein kunstreich geschmiedetes Eisengeländer, das aber außer den Verzierungen jetzt auch noch die Anfangsbuchstaben des Erbauers und seiner Gemahlin enthält, und zwar auf der rechten Seite: J. C. G. (Johann Caspar Goethe) und links: C. E. G. (Catharina Elisabeth Goethe).

An der Wand des Absatzes der Treppe erblickt man eine in Öl gemalte Ansicht von Frankfurt aus dem vorigen Jahrhundert. Wendet man sich dann nach links, so gelangt man in das zweite Stockwerk, zu der eigentlichen Wohnung.

C. Zweites Stockwerk.

Auch hier empfängt uns ein großer, durch drei Fenster erhellter Vorplatz, von dem aus wir noch heute einen kleinen Teil der schon von Goethe gerühmten Aussicht über Gärten genießen können. Überhaupt müssen wir Goethes Beschreibung, die er von dem umgebauten Hause giebt, als nur der Wirklichkeit entsprechend bestätigen und seine Worte auch jetzt noch gelten lassen: »Das Haus war für eine Privatwohnung »geräumig genug, durchaus hell und heiter, die »Treppe frei, die Vorsäle luftig, und jene Aussicht »über die Gärten aus mehreren Fenstern bequem »zu genießen.«*)

Dieser helle Vorplatz mag wohl Goethe in der Erinnerung vorgeschwebt haben, als er in Dichtung und Wahrheit schrieb, die Familie hätte auf den

---
*) Dichtung und Wahrheit, Bd. I, S. 23.

großen Vorsälen, die selbst recht gut hätten Zimmer sein können, immer die gute Jahreszeit zugebracht.*) Dem Beschauer fällt hier zunächst in einer Ecke zwischen einer Zimmer- und einer Kaminthüre eine hohe Standuhr ins Auge, die oberhalb des Zifferblattes die Inschrift trägt: »Joh. Andr. Göthe. Frankfurt a. M.« Diese Uhr ist von einem aus Friedberg in der Wetterau stammenden Vetter Goethes**) angefertigt, der 1762 hier Bürger wurde und 1788 starb. Dann wird man hier drei, statt wie unten zwei, Kaminthüren bemerken, die nicht nur oben rot marmorierte Stuckumrahmungen, wie die des ersten Stockwerkes, aufweisen, sondern auch bei der einen, neben der Uhr, an den Seiten weiße Stuckverzierungen zeigen.

Die Verteilung der Zimmer ist fast die gleiche wie die im ersten Stockwerke, nur sind die drei vorderen nach der Straße zu gelegenen Zimmer gleichmäßiger in ihrer Größe, so daß in dem mittleren drei Fenster und in den beiden nebenan liegenden je zwei sich befinden. Auch ist die äußere

---

*) Dichtung und Wahrheit, Bd. II, S. 131.

**) Weiteres über ihn siehe in den »Mittheilungen des Vereins für Geschichte und Alterthumskunde in Frankfurt a. M.« Bd. VII (1885) S. 234 u. 241, und in den »Berichten des Freien Deutschen Hochstiftes.« Jahrg. 1885/86, S. 152.

Ausstattung, der Bestimmung als Wohnräume angemessen, eine einfachere, so z. B. haben sämtliche Zimmer hier nur einfache Thüren, statt wie im ersten Stocke Doppelthüren. Rechts von der Treppe, oberhalb des »grauen Zimmers« ist ein größeres dreifenstriges Zimmer, das herkömmlich als »Cornelia-Zimmer« bezeichnet wird. Obgleich kein Nachweis dafür beigebracht werden kann, so dürfte doch die Mutmaßung, daß gerade hier die heranwachsende Tochter des Hauses ihr Heim hatte, nicht ungerechtfertigt sein, weil kein Zimmer des ganzen Hauses besser dazu geeignet erscheint. Gegenwärtig sind in ihm die dem Hochstifte durch Geschenke und Vermächtnisse zugefallenen Kunstgegenstände, die in keiner Beziehung zu Goethe stehen, aufbewahrt.

Die drei vorderen nach der Straße zu gerichteten Zimmer, zu denen wir durch die mittlere, den drei Fenstern des Vorplatzes gegenüberliegende Thüre gelangen, enthalten die eigentlichen Wohnräume der Familie Goethe, und zwar betreten wir zunächst das sogenannte »Gemäldezimmer«, das wir wohl auch als Wohnzimmer oder den gewöhnlichen Aufenthaltsort der Mutter mit den Kindern betrachten dürfen. Das zur Linken liegende Zimmer war das Studierzimmer des Herrn Rat, während das zur Rechten befindliche mutmaßlich als das Schlafzimmer der Eltern bezeichnet werden kann.

Verweilen wir zuerst im Gemäldezimmer, über dessen Lage und Ausstattung uns Goethe folgende Schilderung giebt: »Die Gemälde, die sonst »in dem alten Hause zerstreut herumgehangen, »wurden nunmehr zusammen an den Wänden eines »freundlichen Zimmers neben der Studierstube, alle »in schwarzen, mit goldenen Stäbchen verzierten »Rahmen, symmetrisch angebracht.«*)

Obgleich die jetzige, noch nicht abgeschlossene, Ausschmückung dieses Zimmers nicht ganz dieser Beschreibung entspricht, so giebt sie doch durch die darin aufgehängten Gemälde den Charakter der ehemaligen Bestimmung getreu wieder. Wir finden in ihm Bilder von Malern, die auch in der Sammlung des Herrn Rat vertreten waren, nämlich ein kleineres und zwei größere Gemälde von Schütz,**) auf denen die menschlichen Figuren von Seekatz und die Tiere von Hirt gemalt sind, zwei kleinere Bilder von Trautmann, »der sich den Rembrandt »zum Muster genommen und es in eingeschlosse-»nen Lichtern und Widerscheinen weitgebracht »hatte.«***)

*) Dichtung und Wahrheit Bd. I, S. 23.
**) Geschenke der Herren Konsul Karl Becker und Kaufmann Viktor Mössinger.
***) Dichtung und Wahrheit, Bd. I, S. 24.

Bemerkenswert ist ferner ein Pastellbildnis der Frau Rat, das von Herrn Hermann Junker genau nach dem Original im Besitze der Frau Marie Heuser-Nicolovius in Cöln, einer Ur-Urenkelin der Dargestellten, ausgeführt ist.*)

Betreten wir nun das ehemalige Studierzimmer des Herrn Rat, so fällt uns zuerst seine Bibliothek in die Augen, die gegenüber der Thüre aufgestellt ist. Unter den hinter Drahtgittern verwahrten Büchern erblickt man u. a. verschiedene Wahl- und Krönungsdiarien, Keysslers Reisen durch Deutschland**) und dann eine stattliche Reihe von Foliobänden, die nachweislich aus dem Besitze des Herrn Rat stammen; es sind dies die von ihm gesammelten Frankfurter Verordnungen, worüber uns Goethe berichtet:***) »Die älteren Verordnungen und Mandate der Reichsstadt, von denen keine Sammlung veranstaltet war, wurden in Druck und Schrift sorgfältig aufgesucht, nach der Zeitfolge geordnet und als ein Schatz vaterländischer Rechte und Herkommen mit Ehrfurcht verwahrt.«

---

*) Vergl. Berichte des Freien Deutschen Hochstiftes. Jahrgg. 1885/86. S. 128—133.

**) Dichtung und Wahrheit, Bd. I, S. 23 und 166.

***) Dichtung und Wahrheit, Bd. I, S. 71.

An den Wänden sind mehrere römische Prospekte sichtbar,*) ferner ein Kupferstich, den Pfarrer Johann Philipp Fresenius darstellend, der die Ehe des Herrn Rat eingesegnet und den kleinen Wolfgang getauft hat, und ein in Pastell gemaltes Bildnis des mit dem Goetheschen Hause befreundeten Kaufmanns Johann Caspar Bölling.**) Nicht unerwähnt darf das kleine Fenster in diesem Zimmer bleiben, da Goethe dessen bei Schilderung seiner kleinen Abenteuer mit Gretchen gedenkt: »Ich schlich durch einen Umweg nach »unserm Hause; denn an der Seite nach dem »kleinen Hirschgraben zu hatte sich mein Vater »in der Mauer ein kleines Guckfenster, nicht ohne »Widerspruch des Nachbarn, angelegt. Diese Seite »vermieden wir, wenn wir nach Hause kommend, »von ihm nicht bemerkt sein wollten.«***)

*) Dichtung und Wahrheit, Bd. I, S. 114.

**) Dieser in den »Briefen von Goethes Mutter an die Herzogin Anna Amalia vielfach erwähnte »Kornhändler« war in Elberfeld als Sohn des Gastwirts Johann Eberhard Bölling geboren, wurde am 16. Mai 1771 zu Frankfurt a. M. Bürger und am 6. Juni 1774 daselbst mit Maria Katharina Lausberg (geb. 16. Juli 1747, gest. 27. März 1803), Tochter des Handelsmanns Johann Rütger Lausberg getraut. Er starb am 23. August 1793.

***) Dichtung und Wahrheit, Bd. I, S. 183/184. Um einem zwar schon mehrfach berichtigten, aber noch allgemein verbreiteten Irrtum wiederholt entgegenzutreten, möchte ich

Wir verlassen nun dieses Zimmer und gelangen, das Gemäldezimmer durchschreitend, in das von diesem rechts liegende Zimmer, welches als das ehemalige Schlafzimmer bezeichnet werden kann, weil kein anderes Zimmer, mit Ausnahme des vorher genannten Cornelia-Zimmers, besser dazu geeignet gewesen wäre. Vorläufig ist es noch, seiner früheren Bezeichnung: Stube der Frau Rat entsprechend, ausgestattet, insbesondere finden wir in ihm verschiedene Erinnerungsgegenstände an diese treffliche Frau. So erblicken wir gleich links vom Eingange auf einer Kommode in einem Glaskasten zwei Kinderkleidchen mit Schuhen, die nach Aussage einer hochachtbaren Dame,*) welche noch mit der Frau Rat in gesellschaftlichem Verkehr gestanden hatte, von der Mutter Goethes getragen worden sind. Dahinter, an der Wand,

---

bemerken, daß der Schauplatz jener für Goethe so verhängnißvollen Zusammenkünfte nicht in dem Hause zum »Bobbeschänkelche« (Puppenschränkchen) in der nahegelegenen Weißadlergasse war, sondern daß Goethe seinem Jugendfreunde Jakob Ludwig Passavant die Wohnung Gretchens als in der Nähe der Peterskirche gelegen, bezeichnet hat. (S. die Mitteilungen vom Professor Theodor Creizenach in der »Didaskalia« 1874 Nr. 309.)

*) Frau Marie Belli-Gontard, Verfasserin von dem »Leben in Frankfurt a. M. 10 Bde. Frankfurt 1850—51« und anderer Schriften: sie wurde am 30. April 1788 dahier geboren und starb am 1. Februar 1883.

hängt ein großes Aquarell von Hermann Junker, das den ehemaligen Peterskirchhof in seinem jetzigen Zustande mit dem Grabe der Frau Rat darstellt. Auf dem Tische in der Mitte des Zimmers befindet sich ein Klöppelkissen mit Klöppeln aus dem Besitze der geschäftigen Frau, die das Spitzenklöppeln, wie sie in einem Briefe an Fritz von Stein im Jahre 1790 schrieb,*) als ihr Steckenpferd behandelte.

Ferner ist noch ein rundes Tischchen, im sogenannten Empirestil, bemerkenswert, das von der Frau Rat in ihren letzten Lebensjahren als Kaffeetischchen benutzt wurde; die darauf stehende Laterne soll ihr bei der mangelhaften Straßenbeleuchtung vorgeleuchtet haben. In dem links davon befindlichen Wandschrank, der im Frühjahr 1886 bei einer Wiederherstellung des Zimmers unter einer sechsfachen Tapetenschicht aufgefunden wurde und der dann nach dem Muster eines im Kaminstübchen ursprünglich erhaltenen hergestellt ward, erblicken wir ebenfalls mehrere Andenken an die ehemalige Besitzerin dieses Hauses, nämlich ihr Zahnstocherbüchschen von Elfenbein, mehrere Spitzenklöppel und die erste Ausgabe von Hermann und Dorothea in einem gestickten Einbande, die ihr von ihrem

---

*) Keil, Rob., Frau Rath, Briefwechsel von Katharina Elisabeth Goethe. Leipzig 1871. S. 304.

Sohne zugeschickt worden war. Ferner sind in diesem Schrank aufbewahrt: verschiedene Briefe und Schriftstücke von Goethe und seinen Eltern, darunter die am 13. Oktober 1773 ausgestellte Vollmacht zur beabsichtigten Eheschließung Johann Georg Schlossers mit Cornelia Goethe, unterschrieben von den beiden Verlobten, den Eltern der Braut und von deren Großmutter mütterlicherseits Anna Margaretha Textor; dann aus dem Besitze von Susanna Katharina von Klettenberg ein von ihr bis kurz vor ihrem Tode geführtes Haushaltungsbuch nebst einem Nähkästchen, und endlich eine Kupferplatte mit dem eingravierten Wappen, wie es oberhalb der Hausthüre ausgehauen ist, mit den Buchstaben J. C. G. und der Jahrzahl 1772. Diese Platte befand sich ehemals in der Katharinenkirche und diente zur Bezeichnung des von dem Herrn Rat dort erworbenen Platzes.

Wir wenden uns nun zu dem nächsten Zimmer, dessen zwei Fenster nach dem Hofe zu gerichtet sind. Lange hat man diesen einfachen Raum als das Geburtszimmer unseres großen Dichters ausgegeben, indem man annahm, daß sich hier das Schlafzimmer der Eltern befand. Allein diese Mutmaßungen dürften kaum auf Wahrheit beruhen, denn die innere Einteilung der beiden alten Häuser vor dem Umbau ist nur noch in ganz wenigen Zügen festzustellen, wie uns die im Goethe-Archive zu Weimar aufbewahrten Rechnungen über diesen Umbau*) erkennen lassen. Nach dem Umbau wird aber dieses Zimmer schwerlich als Schlafzimmer benutzt worden sein. Es war nämlich, gleich wie das darunter befindliche Kaminstübchen, nicht durch einen Ofen zu erwärmen, der nach der früheren allgemein üblichen Bauart von außen hätte geheizt werden müssen; denn der nebenliegende Kamin für das Gemäldezimmer und dessen rechtes Nebenzimmer bietet keinen Raum für eine dritte Heizeinrichtung. Wenn man ferner bedenkt, welchen Wert man ehemals auf künstliche Wärme legte, ich erinnere nur an die noch bis vor einigen Jahrzehnten übliche Behandlung von Krankheiten,**) so werden wir wohl nicht voraussetzen können, daß der Herr Rat, der doch gewiß ein fürsorglicher und peinlicher Herr gewesen ist, gerade diesen Raum als Schlafzimmer gewählt habe. Ein

---

*) Von dem Verfasser dieses Büchleins wird auf Grund dieser Rechnungen und sonstiger Forschungen eine Schilderung des Umbaues erscheinen, die zeigen wird, daß von den beiden ursprünglichen Häusern wenig mehr erhalten ist.

**) Goethe selbst erzählt uns (Dichtung und Wahrheit, Bd. I, S. 31), daß man ihn, als er von den Blattern befallen war, »nach herrschendem Vorurteil so warm als möglich« gehalten habe.

weiterer Beweis, daß dieses Zimmer ein untergeordnetes war, findet sich in den oben erwähnten Rechnungen über den Umbau, aus denen hervorgeht, daß sowohl von hier aus als auch von dem Kaminstübchen der unmittelbare Zugang zu den in der südöstlichen Ecke des Hofes angebauten Aborten gewesen ist. Entsprechend seiner geringen Bedeutung ist die Ausstattung dieses Stübchens eine möglichst einfache: der große eichene Kleiderschrank stammt nachweislich aus der Jugendzeit Goethes und ist in Frankfurt angefertigt worden. Der Besucher wird nach kurzem Aufenthalte daselbst durch das Gemäldezimmer auf den Vorplatz zurückkehren. Die unmittelbar dahin führende Thüre, die außen neben der Standuhr sichtbar ist, wird für gewöhnlich nicht geöffnet.

Wir besteigen nun die nach oben führende Treppe, um in den Dachstock zu gelangen.

D. Dachstock.

Die Treppe zeigt hier dieselbe Breite und Bauart wie vorher, nämlich: hölzerne Stufen, die von einem Ruheplatze unterbrochen werden, von dem aus sie sich dann nach links aufwärts wendet. An Stelle des schmiedeeisernen Geländers ist ein solches von hölzernen gedrehten Säulen getreten, das auch bei der nach dem Dachboden des Hauses führenden schmäleren Treppe verwendet ist.

Der etwas kleinere und niedrigere Vorplatz, der uns nun aufnimmt, hat die nämliche Einteilung wie der des zweiten Stockwerkes: rechts und links von der Treppe je eine Zimmerthüre mit der entsprechenden Kaminthüre, dann drei gegen Westen gerichtete Fenster, diesen gegenüber eine Zimmerthüre mit Kaminthüre und rechts davon eine vierte Zimmerthüre.

Die rechts von der Treppe liegende Thüre führt in ein Zimmer, in dem, wohl wegen seiner Lage nach Süden, der Herr Rat die Seidenraupenzucht betrieb, eine Liebhaberei, die seinen Kindern Wolfgang und Cornelia manche böse Stunde verursachte.*) In demselben Zimmer muß auch das von Goethe geschilderte Bleichen der römischen Prospekte**) vorgenommen worden sein; denn kein anderes Mansardzimmer war so der Sonne ausgesetzt wie dieses, und nur hier konnten die Bretter mit den angefeuchteten Kupferstichen an das Dach gelehnt in der Dachrinne aufgestellt werden, wie man sich durch einen Blick aus den Vorplatzfenstern auf die Fenster dieses Zimmers überzeugen kann. Gegenwärtig dient es, das oberhalb des sogenannten Cornelia-Zimmers liegt, zur Aufbewahrung der Bibliothek des Hochstiftes. Ebenso wie dieses Zimmer ist auch die nach dem Hofe zu gelegene Dachkammer, deren Eingang der Treppe gegenüber sich befindet, nicht zugänglich.

Wir überschreiten deshalb den Vorplatz, auf dem eine altertümliche Wäschepresse und eine sogenannte Brandkiste***) aufgestellt sind, und be-

---

*) Dichtung und Wahrheit, Bd. I, S. 113/114.
**) Ebenda S. 114.
***) Brandkisten sind niedrige Schränke in der Größe einer Kiste, vorne mit Doppelthüren, an den Seiten mit Handhaben versehen, die zum Aufbewahren von Wäsche, Kleidern u. a. dienen und in beliebiger Anzahl aufeinander gestellt werden, so daß sie den Anblick eines Schrankes bieten. Infolge ihres

treten durch die den Fenstern gegenüberliegende Thüre das ehemalige Zimmer des jungen Goethe.

Mit einer gewissen Liebe gedenkt der dem Greisenalter nahestehende Dichter »seines hübschen, hellen Giebelzimmers« und schildert uns in lebenswarmer Darstellung sein Thun und Treiben in ihm als Knabe, Jüngling und als junger Mann: das dem Höchsten dargebrachte, von der Morgensonne entzündete Rauchopfer, die Aufführung des Puppenspieles, die leidvolle Zeit nach der Trennung von Gretchen, die chemischen Versuche und mystischen Grübeleien in seiner Wiedergenesung nach dem von Leipzig herrührenden Krankenlager, das frohe Treiben des jungen Rechtsanwaltes. Die Erinnerungen an Käthchen Schönkopf, Friederike Brion, Lotte Buff und Lilli Schönemann ziehen an uns vorüber, und alle die Gestalten seiner Jugenddichtungen, ein Götz, Werther, Clavigo, Faust, umschweben uns in diesem bescheidenen, niedrigen Raume.

Dieses Zimmer, mit drei nach Osten gerichteten Fenstern, und die beiden nebenanliegenden einfenstrigen Kammern, mit abgeschrägten Wänden

---

geringeren Gewichtes und leichterer Handhabung können sie beim Ausbruch eines Brandes abgehoben und fortgeschafft werden.

nach der Straße zu, enthalten manche Erinnerungsgegenstände an Goethe und Lotte. Links vom Eingange befindet sich ein Eckschrank, welcher der Überlieferung zufolge im Besitze des jungen Goethe gewesen sein soll, ebenso wie ein unscheinbares, an der gegenüberliegenden Wand stehendes Büchergestell. Neben dem Schranke steht ein Spinett, ihm gegenüber eine Kommode, auf der eine Gipsbüste einer der Töchter der Niobe*) steht, darüber an der Wand befindet sich unter Glas und Rahmen eine Tuschzeichnung von Goethe, während oberhalb des Spinetts der Ehevertrag von Lotte Buff vom 30. März 1773 aufgehangen ist. Spinett und Kommode sollen aus ihrem Besitze stammen.

An der linken Wand, nach den Fenstern zu gerichtet, hängt eine Kreidezeichnung von Johann Heinrich Lips, Goethe im Jahre 1791 darstellend,**) darunter steht auf einem Tischchen das Gipsmodell einer sitzenden Goethestatue: Goethe in Rom, modelliert von Adolf Donndorf in Dresden.

---

*) Vergl. Goethes Brief an Boie vom 23. Dezember 1774 in Bernays, Der junge Goethe. Bd. III, Seite 54, und in Goethes Werken, herausgegeben im Auftrage der Großherzogin Sophie von Sachsen. Weimar 1887. Abtlg. IV, Bd. 2, Seite 220.

**) S. Zarncke, Verzeichniß der Originalaufnahmen von Goethes Bildniß. Leipzig 1888. Seite 24, Nr. 25.

Daneben auf einer Staffelei eine Tuschzeichnung von Goethe: eine Hexenszene.

An der gegenüberliegenden Wand steht eine Schreibkommode aus dem vorigen Jahrhundert, auf ihr der Bronzeabguß des Modelles eines von Chr. D. Rauch für den Staatsrat Simon Moritz von Bethmann im Jahre 1825 entworfenen Goethedenkmals.*) Dahinter hängt an der Wand eine Lithographie, Goethes Zimmer nach einer Zeichnung darstellend, die er der Gräfin Auguste zu Stolberg in einem Briefe am 10. März 1775 mit flüchtigen Strichen hingeworfen hatte.**) Oberhalb dieses Blattes hängt eine Ansicht von Frankfurt, eine in Tuschmanier braun gedruckte Radierung von Anna Rosina Magdalena Städel, geb. Willemer, später Frau Schöff Thomas, mit folgendem eigenhändigen, dem Dichter der »Heilquellen am Taunus«, Joh. Isaak von Gerning gewidmeten Verse von Goethe:***)

---

*) Geschenk des Enkels des Bestellers, des Freiherrn Simon Moritz von Bethmann. Vergl. Eggers, Karl, Rauch und Goethe. Berlin 1889. Seite 129/130.

**) Siehe Goethes Briefe an die Gräfin Auguste zu Stolberg. 2. Aufl. Leipz. 1881, S. 14 und Goethes Werke. Weimar 1887. Abtlg. IV, Bd. 2. Seite 243.

***) Siehe Gwinner, Kunst und Künstler in Frankfurt a. M. Frankfurt 1862. Seite 418.

Fluß und Ufer, Land und Hoehen
Rühmen seit geraumer Zeit
So dein Kommen, so dein Gehen
Zeugen deiner Thätigkeit.

Weimar d. 5. May 1816.

Goethe

Links davon hängt eine weißgehöhte Sepiazeichnung (Landschaft), die Goethe im Mai 1812 in Karlsbad gefertigt und der Fürstin Philippine Colloredo-Mansfeld beim Abschiedsbesuch verehrt hatte.*)

Auf der rechten Seite der Schreibkommode hängt eine Nachbildung des von Joh. Peter Melchior 1774/1775 als Medaillon-Relief gearbeiteten Goethe-Bildnisses. Das in Gips modellierte Original, das seinerzeit durch Goethe in den Besitz des Herzogs Karl August kam, befindet sich jetzt im Schlosse Tiefurt. Sr. Königl. Hoheit der Großherzog Karl Alexander ließ davon eine Nachbildung in Erz anfertigen und machte sie, bei einem Besuche des Goethehauses, dem Hochstifte zum Geschenk.

Mit diesem Wahrzeichen fürstlicher Huld verlassen wir das Giebelzimmer und betreten die

---

*) Geschenk des Herrn Alexander M. Cohn in Berlin. Siehe Berichte des Freien Deutschen Hochstiftes. Jahrg. 1887/88. Seite 88.

rechts liegende Kammer Hier erblicken wir an den Wänden verschiedene Bildnisse Goethes, solche von Lotte Buff und von Kestner und 12 Kartons von Hermann Junker: Darstellungen aus Goethes Leben. In vier Schaukasten sind die verschiedensten Erinnerungsgegenstände aufbewahrt: Gedächtnismünzen auf Goethe, auf den Herzog Karl August und auf Schiller, zwei Bildnisse von Ulrike von Levetzow, die 1807 nach dem Leben vom Bildhauer Karl Gottlob Weisser geformte Gipsmaske Goethes, ein Stammbuch aus dem Jahre 1780 u. ff. mit eingemalten Szenen aus Werthers Leiden, ein seidenes Jäckchen, das Friederike Brion getragen haben soll, eine Abbildung des Hauses in Artern, in dem Goethes Urgroßvater, der Schmied Hans Christian Goethe*) gewohnt hat, eine Bibel aus dem Besitze von Goethes Oheim, dem Zinngießermeister Hermann Jakob Goethe,**) mit dessen, auf die Familie bezüglichen, Eintragungen,***) ein Verzeichnis der von Goethes Vater angelegten Sammlung Frankfurter Verordnungen,****) von diesem selbst geschrieben, ein

---

*) Siehe Mitteilungen des Vereins für Geschichte und Altertumskunde in Frankfurt a. M. Bd. VII, Seite 231 u. ff.
**) Ebenda.
***) Siehe Berichte des Freien Deutschen Hochstiftes Jahrgang 1885/86. Seite 148 u. ff.
****) Siehe Seite 25.

Bruchstück aus Goethes Aufsätzen über Kunst, die Weimarische Kunstausstellung vom Jahr 1803 und die Preisaufgabe für das Jahr 1804 betreffend, das siebente Buch von Wilhelm Meisters Lehrjahre, letztere beide Stücke von der Hand eines Schreibers, aber mit eigenhändigen Verbesserungen und Zusätzen von Goethe, ferner mehrere Tagebücher von Goethes Großvater, dem Stadtschultheißen Johann Wolfgang Textor, die (gedruckte) Dissertation des Herrn Rat Goethe, ein in Oktavformat gebundenes Exemplar von: Umrisse zu Goethes Faust von Retzsch. Stuttgart und Tübingen 1820 qu.-4^0, mit folgender eigenhändiger Niederschrift Goethes auf dem Vorsatzblatte:

Laßt mir die jungen Leute nur
Und ergetzt euch an ihren Gaben!
Es will doch Grosmama Natur
Manchmal einen närrischen Einfall haben.
Weimar d. 20. Juni 1823.
J. W. v. Goethe.

und endlich einige aus dem Besitze von Lotte Kestner stammende Gegenstände sowie ein Stammbuch ihres Bruders Georg mit Eintragungen von ihr und ihren Geschwistern.

In der gegenüberliegenden, linken, Dachstube fällt uns zuerst eine große, die ganze Wandfläche einnehmende Ansicht von Frankfurt im vorigen Jahrhundert in die Augen, an den übrigen Wänden hängen u. a. Abbildungen des Pfarrhauses von »Sessenheim«, des Häuschens auf dem Kickelhahn bei Ilmenau und ein Bildnis Lavaters, eine Sepiazeichnung, die nach einer auf der Rückseite befindlichen, späteren Aufschrift von· Wilhelm Tischbein sein soll.*) Außerdem befinden sich in diesem Raume zwei von einander abweichende Gipsmodelle des von Bettina von Arnim entworfenen Goethedenkmals, das Gipsmodell des von Fritz Schaper für Berlin ausgeführten Goethedenkmals und eine Büste Goethes von Karl Cauer (in Gips) modelliert und dem Goethehause zur Aufbewahrung daselbst geschenkt.

In einem Glaskasten sind verschiedene Erinnerungsgegenstände von und an Goethe aufgestellt: Haare, Tassen, Gläser, Uhr, Theekasten, Briefhalter, Mütze, Visitenkarten, Todesanzeige und anderes mehr.

Am merkwürdigsten sind aber die Überreste von Goethes Puppentheater,**) über das er uns in Dichtung und Wahrheit so mancherlei berichtet.

---

*) In Lichtdruck veröffentlicht in den Berichten des Freien Deutschen Hochstiftes. Jahrg. 1886/87. Vergl. S. 67.

**) Siehe Berichte des Freien Deutschen Hochstiftes. Jahrgg. 1882/83. Seite 114—124.

Nachdem die Großmutter Cornelia Goethe den Kindern des Herrn Rat ein Puppentheater zu Weihnachten 1753 beschert hatte und ihnen damit »in dem alten Hause eine neue Welt erschuf«*), ruhte das Spiel einige Zeit, da die kränkelnde alte Frau einige Monate darauf das Zeitliche segnete und der hierauf erfolgende Umbau des Hauses in das ruhige Familienleben zu viel Störung brachte. Als dann nach Vollendung des Hauses die politischen Ereignisse befürchten ließen, daß der Schauplatz des um diese Zeit begonnenen Krieges in die Gegend von Frankfurt verlegt werden könnte, »hielt man die Kinder mehr als bisher »zu Hause und suchte sie auf mancherlei Weise »zu beschäftigen und zu unterhalten. Zu solchem »Ende hatte man das von der Großmutter hinter- »lassene Puppenspiel wieder aufgestellt und zwar »dergestalt eingerichtet, daß die Zuschauer im »Giebelzimmer sitzen, die spielenden und dirigiren- »den Personen aber sowie das Theater selbst vom »Proscenium an in einem Nebenzimmer Platz und »Raum fanden.«**)

Unter diesem Nebenzimmer werden wir wohl das Zimmerchen, in dem jetzt die Reste dieses Theaters aufgestellt sind, zu verstehen haben,

---

*) Dichtung und Wahrheit Bd. I, S. 11.
**) Dichtung und Wahrheit Bd. I, S. 44.

da es geheizt werden konnte, was bei dem gegenüberliegenden nicht der Fall ist, und da es einen
unmittelbaren Zugang vom Vorplatz aus hat,
ein Umstand, der für »die spielenden und diri-
girenden Personen« doch sicherlich auch von
Wert war.

Sind wir so am Ende des Rundganges durch
das denkwürdige Haus und damit am Ende des
Büchleins angelangt, so sei es gestattet dem
Besucher noch einen Abschiedsgruß zuzurufen
und diesen in die Worte des großen Dichters
selbst zu kleiden:

>» Abgeschlossen sei das Buch!
>» Es enthält fürwahr genug;
>» Was davon Dich kann erfreuen,
>» Wird sich immerfort erneuen.
>» Und was mag dem Scheiden frommen
>» Als ein baldig Wiederkommen?«

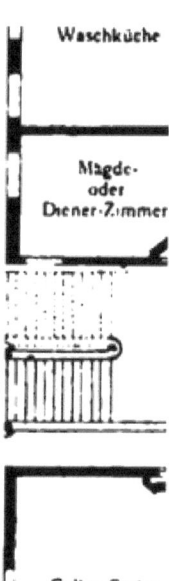

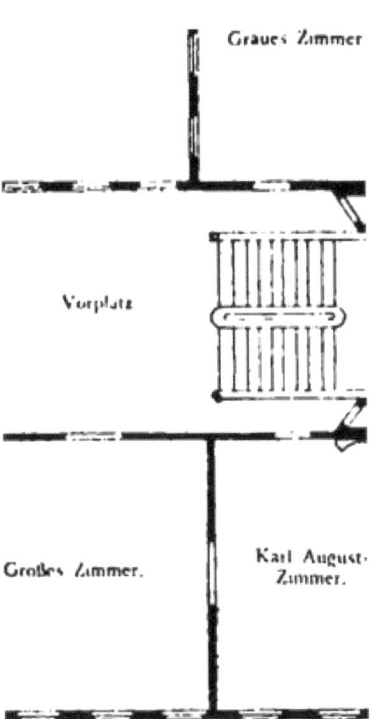

Erster Stock.

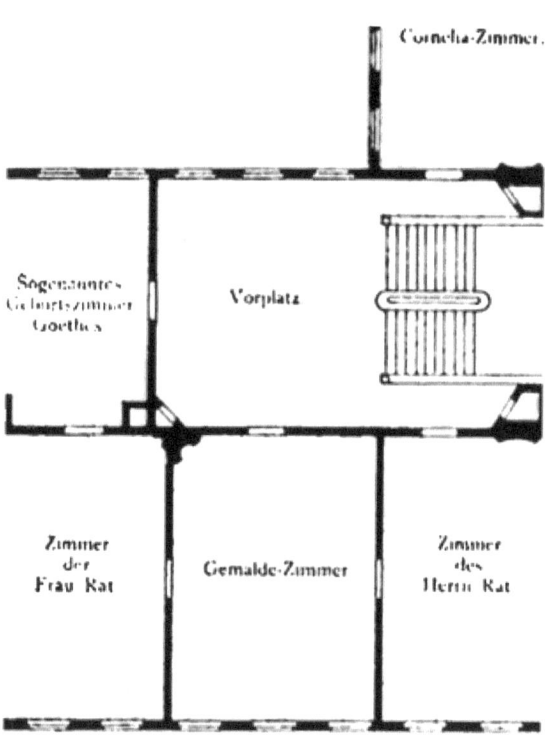

Zweiter Stock.